I0016350

Devenez Auteur à Succès : Ecrire et Publier un Ebook avec l'Aide de l'IA

Guide Pratique pour Ecrire des Ebooks avec l'IA

Denis SINCLAIR

Devenez Auteur à Succès : Ecrire et Publier un Ebook avec l'Aide de l'IA

Denis SINCLAIR

TABLE DES MATIÈRES

INTRODUCTION

- Importance des ebooks dans le monde numérique moderne
- Pourquoi utiliser l'intelligence artificielle pour écrire un ebook ?
- Aperçu de ce que nous allons couvrir dans ce guide

CHAPITRE 1 : COMPRENDRE L'INTELLIGENCE ARTIFICIELLE

- Définition et concepts de base de l'intelligence artificielle
- Histoire et évolution de l'intelligence artificielle
- Applications courantes de l'IA dans différents domaines
- Avantages de l'IA dans la création de contenu

CHAPITRE 2 : PRÉPARATION À L'ÉCRITURE DE VOTRE EBOOK

- Choisir le sujet de votre ebook
- Définir votre audience cible
- Recherche et collecte d'informations
- Planification et organisation des idées

CHAPITRE 3 : INTRODUCTION AUX OUTILS D'INTELLIGENCE ARTIFICIELLE POUR L'ÉCRITURE

- Présentation des outils d'IA populaires (ChatGPT, Jasper, etc.)
- Fonctionnalités et capacités des outils d'IA
- Comparaison des outils et critères de sélection
- Installation et configuration des outils

CHAPITRE 4 : UTILISER L'IA POUR GÉNÉRER DU CONTENU

- Techniques pour interagir efficacement avec l'IA
- Créer des prompts efficaces
- Révision et amélioration du contenu généré
- Assurer la cohérence et le ton du texte

CHAPITRE 5 : STRUCTURER ET ÉDITER VOTRE EBOOK

- Organisation des chapitres et des sections
- Utilisation de l'IA pour la révision et la correction
- Techniques de relecture et d'amélioration du texte
- Intégration d'éléments visuels et interactifs

CHAPITRE 6 : FINALISER ET PUBLIER VOTRE EBOOK

- Choix du format et des plateformes de publication
- Création d'une couverture attrayante
- Stratégies de marketing et de promotion
- Suivi et analyse des performances de votre ebook

CONCLUSION

- Récapitulatif des étapes clés
- Conseils et astuces pour réussir avec l'IA
- Perspectives futures de l'IA dans la création de contenu
- Encouragements et prochains pas

INTRODUCTION

Importance des ebooks dans le monde numérique moderne Les ebooks sont devenus une partie intégrante du paysage numérique. Avec l'avènement de la technologie et de l'internet, la lecture et l'acquisition de connaissances sont devenues plus accessibles que jamais. Les ebooks offrent une flexibilité et une commodité que les livres physiques ne peuvent pas égaler. Ils sont facilement transportables, peuvent être lus sur une variété d'appareils et permettent une distribution mondiale instantanée.

Pourquoi utiliser l'intelligence artificielle pour écrire un ebook ? L'intelligence artificielle (IA) transforme la manière dont nous créons du contenu. Elle peut non seulement accélérer le processus d'écriture, mais aussi améliorer la qualité et la pertinence du contenu produit. Utiliser l'IA pour écrire un ebook peut vous aider à surmonter le blocage de l'écrivain, à générer des idées nouvelles, et à éditer et polir votre travail avec une efficacité inégalée.

Aperçu de ce que nous allons couvrir dans ce guide Dans ce guide, nous allons explorer comment vous pouvez utiliser l'IA pour écrire un ebook de A à Z. Nous commencerons par une introduction à l'IA, suivie de la préparation nécessaire avant de commencer à écrire. Ensuite, nous plongerons dans les outils d'IA disponibles et comment les utiliser pour générer et affiner votre contenu. Enfin, nous aborderons la structuration, l'édition, la finalisation et la publication de votre ebook.

CHAPITRE 1 : COMPRENDRE L'INTELLIGENCE ARTIFICIELLE

Définition et concepts de base de l'intelligence artificielle

L'intelligence artificielle, souvent abrégée en IA, fait référence à la capacité des machines à accomplir des tâches qui nécessitent normalement une intelligence humaine. Cela inclut des compétences telles que l'apprentissage, le raisonnement, la résolution de problèmes, la compréhension du langage naturel, et la perception visuelle.

L'IA se divise en deux catégories principales : l'IA faible et l'IA forte. L'IA faible est conçue pour des tâches spécifiques et limitées, comme les assistants virtuels ou les systèmes de recommandation. En revanche, l'IA forte vise à reproduire l'intelligence humaine dans son ensemble, capable de comprendre, apprendre, et s'adapter de manière autonome à de nouvelles situations.

HISTOIRE ET ÉVOLUTION DE L'INTELLIGENCE ARTIFICIELLE

L'IA a ses racines dans les années 1950. Alan Turing, un pionnier de l'informatique, a proposé l'idée de machines capables de penser dans son célèbre article "Computing Machinery and Intelligence". C'est John McCarthy qui a inventé le terme "intelligence artificielle" en 1956 lors de la conférence de Dartmouth, qui est souvent considérée comme le point de départ officiel du domaine.

Depuis lors, l'IA a connu plusieurs phases de développement. Dans les années 1960 et 1970, les chercheurs ont développé les premiers systèmes experts capables de simuler le raisonnement humain dans des domaines spécifiques. Les années 1980 ont vu l'essor des réseaux de neurones et des algorithmes d'apprentissage automatique, posant les bases de l'IA moderne. Plus récemment, les progrès en matière de puissance de calcul et de big data ont permis des avancées spectaculaires dans les technologies d'IA, comme les modèles de langage naturels tels que GPT-3 et GPT-4.

APPLICATIONS COURANTES DE L'IA DANS DIFFÉRENTS DOMAINES

L'intelligence artificielle est utilisée dans une multitude de domaines, apportant des améliorations significatives dans divers secteurs :

- **Santé** : Diagnostic assisté par IA, prédiction des maladies, personnalisation des traitements.
- **Finance** : Analyse prédictive, détection des fraudes, gestion des portefeuilles.
- **Transport** : Véhicules autonomes, optimisation des routes, gestion du trafic.
- **Service client** : Chatbots, assistants virtuels, support automatisé.
- **Création de contenu** : Génération de texte, création d'images et de vidéos, assistance à l'écriture.

AVANTAGES DE L'IA DANS LA CRÉATION DE CONTENU

L'IA offre de nombreux avantages pour la création de contenu :

- **Efficacité accrue** : L'IA peut générer du texte rapidement, réduisant le temps nécessaire pour écrire un ebook.

- **Inspiration et créativité** : Les outils d'IA peuvent fournir des idées nouvelles et des angles différents pour votre contenu.

- **Cohérence et qualité** : L'IA aide à maintenir une cohérence stylistique et grammaticale dans le texte.

- **Économie de temps** : Automatisation des tâches répétitives telles que la correction et la révision, permettant aux auteurs de se concentrer sur des aspects plus créatifs.

CHAPITRE 2 : PRÉPARATION À L'ÉCRITURE DE VOTRE EBOOK

Choisir le sujet de votre ebook

Le choix du sujet est une étape cruciale pour le succès de votre ebook. Il doit être pertinent pour votre audience et suffisamment vaste pour permettre une exploration approfondie. Voici quelques étapes pour vous aider à choisir le bon sujet :

1. **Identifier vos intérêts et passions** : Choisissez un sujet qui vous passionne et sur lequel vous avez des connaissances approfondies.

2. **Analyser les tendances** : Utilisez des outils comme Google Trends ou les réseaux sociaux pour identifier les sujets populaires et en demande.

3. **Considérer votre audience** : Pensez aux besoins et aux intérêts de votre audience cible. Quel type de contenu recherche-t-elle ?

4. **Évaluer la concurrence** : Analysez les ebooks existants sur le même sujet. Comment pouvez-vous apporter une perspective unique ou des informations supplémentaires ?

DÉFINIR VOTRE AUDIENCE CIBLE

Connaître votre audience est essentiel pour adapter le contenu à ses besoins et attentes. Voici quelques éléments à prendre en compte :

- **Démographie** : Âge, sexe, niveau d'éducation, profession.
- **Intérêts et loisirs** : Quelles sont les passions et les intérêts de votre audience ?
- **Problèmes et besoins** : Quels problèmes votre audience cherche-t-elle à résoudre ? Quels sont ses besoins et ses aspirations ?
- **Comportement en ligne** : Où passe-t-elle du temps en ligne ? Quels types de contenus consomme-t-elle ?

RECHERCHE ET COLLECTE D'INFORMATIONS

Une recherche approfondie est la base de tout bon ebook. Voici quelques étapes pour une recherche efficace :

1. **Définir les objectifs de recherche** : Que cherchez-vous à découvrir ? Quels sont les principaux points à couvrir ?

2. **Utiliser des sources fiables** : Recherchez des informations dans des sources crédibles comme des livres, des articles académiques, des rapports de recherche, et des sites web de confiance.

3. **Prendre des notes** : Organisez vos notes de manière à pouvoir les intégrer facilement dans votre texte. Utilisez des outils comme Evernote ou Notion pour une gestion efficace de vos notes.

4. **Citer vos sources** : Assurez-vous de toujours citer vos sources pour éviter le plagiat et renforcer la crédibilité de votre contenu.

PLANIFICATION ET ORGANISATION DES IDÉES

Une bonne planification est la clé d'un ebook bien structuré. Voici comment organiser vos idées :

1. **Créer un plan détaillé** : Commencez par une table des matières provisoire avec les titres des chapitres et des sous-titres.

2. **Organiser les idées par thème** : Regroupez les informations similaires sous des sections appropriées.

3. **Établir un flux logique** : Assurez-vous que vos chapitres et sections suivent une progression logique et fluide.

4. **Allouer du temps pour chaque section** : Définissez des objectifs de temps pour la rédaction de chaque partie afin de rester sur la bonne voie.

CHAPITRE 3 : INTRODUCTION AUX OUTILS D'INTELLIGENCE ARTIFICIELLE POUR L'ÉCRITURE

Présentation des outils d'IA populaires (ChatGPT, Jasper, etc.)

Il existe plusieurs outils d'IA conçus pour assister les écrivains. Voici quelques-uns des plus populaires :

- **ChatGPT** : Développé par OpenAI, ChatGPT est capable de générer du texte cohérent et pertinent en réponse à des prompts. Il est utilisé pour diverses applications allant de l'écriture de scripts à la création de contenu de blog.
- **Jasper** (anciennement Jarvis) : Jasper est un outil d'IA spécialisé dans la création de contenu marketing. Il peut générer des articles de blog, des descriptions de produits, et même des copies publicitaires.
- **Copy.ai** : Un autre outil populaire qui aide à la génération de contenu marketing, y compris les e-mails, les publicités, et les publications sur les réseaux sociaux.

FONCTIONNALITÉS ET CAPACITÉS DES OUTILS D'IA

Les outils d'IA offrent diverses fonctionnalités, notamment :

- **Génération de texte** : Produire du texte en réponse à des prompts.

- **Révision grammaticale** : Vérifier la grammaire, l'orthographe et la ponctuation.

- **Suggestions de titres et de sous-titres** : Proposer des titres accrocheurs et pertinents.

- **Création de contenu visuel** : Générer des images et des graphiques pour accompagner le texte.

- **Personnalisation** : Adapter le contenu en fonction de l'audience et du ton souhaité.

COMPARAISON DES OUTILS ET CRITÈRES DE SÉLECTION

Choisir le bon outil d'IA dépend de vos besoins spécifiques. Voici quelques critères pour vous aider à faire votre choix :

- **Facilité d'utilisation** : L'interface est-elle intuitive et facile à naviguer ?
- **Qualité du texte généré** : Le texte est-il cohérent, pertinent et de haute qualité ?
- **Options de personnalisation** : Pouvez-vous ajuster les paramètres pour obtenir le type de contenu souhaité ?
- **Support client** : L'entreprise offre-t-elle un bon support client en cas de problèmes ?
- **Prix** : Le coût de l'outil est-il justifié par les fonctionnalités offertes ?

INSTALLATION ET CONFIGURATION DES OUTILS

Une fois que vous avez choisi votre outil d'IA, la prochaine étape est son installation et sa configuration :

1. **Inscription et téléchargement** : Inscrivez-vous sur le site web de l'outil et téléchargez-le si nécessaire.

2. **Configuration initiale** : Suivez les instructions pour configurer l'outil selon vos préférences. Cela peut inclure la sélection de la langue, du ton, et du style de texte.

3. **Tutoriels et formation** : Profitez des ressources et des tutoriels fournis par l'outil pour en apprendre davantage sur son utilisation efficace.

4. **Intégration avec d'autres outils** : Si l'outil offre des intégrations avec d'autres logiciels que vous utilisez (comme WordPress ou Google Docs), configurez-les pour un flux de travail plus fluide.

CHAPITRE 4 : UTILISER L'IA POUR GÉNÉRER DU CONTENU

Techniques pour interagir efficacement avec l'IA

Pour tirer le meilleur parti de l'IA, il est essentiel de savoir comment interagir avec elle. Voici quelques conseils pour optimiser vos interactions :

- **Utilisez des instructions claires et précises** : Évitez les prompts vagues. Plus votre demande est spécifique, plus le contenu généré sera pertinent.

- **Fournissez des exemples** : Donner des exemples de ce que vous attendez peut aider l'IA à comprendre vos besoins.

- **Soyez patient et expérimentez** : L'IA peut nécessiter plusieurs essais pour produire le résultat souhaité. Ne vous découragez pas et continuez à ajuster vos prompts.

CRÉER DES PROMPTS EFFICACES

Les prompts sont des instructions que vous donnez à l'IA pour générer du contenu. Voici comment créer des prompts efficaces :

- **Soyez spécifique** : Par exemple, au lieu de demander "Écrivez sur le marketing", demandez "Écrivez un article de blog de 500 mots sur les stratégies de marketing digital pour les petites entreprises".

- **Incluez des directives de style** : Si vous avez des préférences pour le ton ou le style, mentionnez-les dans votre prompt.

- **Divisez les tâches complexes** : Si votre demande est complexe, divisez-la en plusieurs prompts plus petits et spécifiques.

RÉVISION ET AMÉLIORATION DU CONTENU GÉNÉRÉ

Le contenu généré par l'IA peut nécessiter des révisions pour s'assurer qu'il est précis et pertinent. Voici quelques étapes pour réviser et améliorer le contenu :

- **Relisez le texte** : Vérifiez la cohérence, la grammaire, et l'orthographe.
- **Ajustez les informations** : Assurez-vous que les faits et les données sont exacts et à jour.
- **Ajoutez une touche humaine** : Apportez des modifications pour que le texte reflète votre voix et votre style personnel.

ASSURER LA COHÉRENCE ET LE TON DU TEXTE

Maintenir un ton cohérent tout au long de votre ebook est crucial. Voici comment utiliser l'IA pour surveiller la cohérence du style et du ton :

- **Définissez un ton dès le début** : Décidez du ton que vous souhaitez utiliser (formel, informel, professionnel, etc.) et tenez-vous-en tout au long de l'écriture.
- **Utilisez des outils de style** : Certains outils d'IA offrent des fonctionnalités pour vérifier la cohérence du style et du ton.
- **Relisez régulièrement** : Faites des relectures fréquentes pour vous assurer que le texte reste homogène.

EXEMPLES DE PROMPTS :

Techniques pour interagir efficacement avec l'IA

1. Général

- **Prompt** : "Rédigez un article de blog de 500 mots sur les avantages de l'intelligence artificielle dans le marketing digital."
- **Prompt** : "Créez un résumé de 200 mots sur l'histoire de l'intelligence artificielle."

2. Article de blog

- **Prompt** : "Écrivez un article de blog de 800 mots sur les meilleures pratiques pour le travail à distance, y compris des conseils pour la gestion du temps et la productivité."
- **Prompt** : "Rédigez un guide étape par étape sur la façon de créer un plan de marketing digital pour une petite entreprise."

3. Contenu de réseaux sociaux

- **Prompt** : "Écrivez cinq tweets sur les nouvelles tendances de la technologie de l'IA."
- **Prompt** : "Créez une légende Instagram engageante pour promouvoir un nouveau produit écologique."

4. Email marketing

- **Prompt** : "Rédigez un e-mail de lancement pour annoncer la sortie d'un nouveau cours en ligne sur le développement personnel."
- **Prompt** : "Créez un e-mail de remerciement

pour les clients qui ont acheté votre produit, incluant une offre de réduction pour leur prochain achat."

CRÉER DES PROMPTS EFFICACES

1. Spécifiques

- **Prompt** : "Rédigez un article de blog de 700 mots sur les meilleures applications de productivité pour les professionnels, en mettant l'accent sur les fonctionnalités et les avantages de chaque application."
- **Prompt** : "Écrivez une description de produit de 150 mots pour un nouveau smartphone, en soulignant ses caractéristiques uniques et ses avantages."

2. Avec directives de style

- **Prompt** : "Rédigez un article informatif de 500 mots sur les effets du changement climatique, en utilisant un ton sérieux et académique."
- **Prompt** : "Créez une description de produit pour une boutique en ligne, en utilisant un ton amical et engageant."

3. Décomposées

- **Prompt** : "Écrivez une introduction de 100 mots pour un guide sur la gestion du stress au travail."
- **Prompt** : "Rédigez trois sections de 200 mots chacune sur les techniques de méditation, l'importance de la pause déjeuner, et les exercices physiques au bureau."

RÉVISION ET AMÉLIORATION DU CONTENU GÉNÉRÉ

1. **Amélioration stylistique**
   - **Prompt** : "Révisez ce paragraphe pour améliorer sa clarté et son style : [insérez votre texte ici]."
   - **Prompt** : "Améliorez ce texte en le rendant plus engageant pour une audience jeune : [insérez votre texte ici]."

2. **Vérification de la cohérence**
   - **Prompt** : "Vérifiez la cohérence de ce texte et assurez-vous que le ton reste formel tout au long : [insérez votre texte ici]."
   - **Prompt** : "Relisez ce passage pour s'assurer qu'il n'y a pas de contradictions ou d'erreurs logiques : [insérez votre texte ici]."

ASSURER LA COHÉRENCE ET LE TON DU TEXTE

1. **Maintien du ton**
   - **Prompt :** "Adaptez ce texte à un ton formel et professionnel : [insérez votre texte ici]."
   - **Prompt :** "Réécrivez ce paragraphe en utilisant un ton amical et informel : [insérez votre texte ici]."

2. **Uniformité stylistique**
   - **Prompt :** "Assurez-vous que ce document de 1000 mots utilise un style narratif cohérent : [insérez votre texte ici]."
   - **Prompt :** "Harmonisez le style de ces trois sections pour qu'elles soient uniformes : [insérez vos sections ici]."

CHAPITRE 5 : STRUCTURER ET ÉDITER VOTRE EBOOK

Organisation des chapitres et des sections

Une bonne structure est essentielle pour un ebook facile à lire. Voici quelques conseils pour organiser votre contenu :

- **Divisez le contenu en chapitres et sections logiques** : Assurez-vous que chaque section traite d'un point spécifique et suit une progression logique.
- **Utilisez des titres et des sous-titres clairs** : Les titres et sous-titres aident les lecteurs à naviguer dans le texte et à comprendre les points principaux.
- **Créez une table des matières** : Une table des matières au début de votre ebook permet aux lecteurs de voir d'un coup d'œil la structure du livre.

UTILISATION DE L'IA POUR LA RÉVISION ET LA CORRECTION

Les outils d'IA peuvent être très utiles pour la révision et la correction de votre texte. Voici comment les utiliser efficacement :

- **Vérification grammaticale et orthographique** : Utilisez l'IA pour détecter et corriger les erreurs grammaticales et orthographiques.
- **Amélioration du style** : Certains outils peuvent suggérer des améliorations stylistiques pour rendre le texte plus fluide et engageant.
- **Détection de plagiat** : Assurez-vous que votre texte est original en utilisant des outils d'IA pour vérifier le plagiat.

TECHNIQUES DE RELECTURE ET D'AMÉLIORATION DU TEXTE

La relecture est une étape cruciale pour s'assurer de la qualité de votre ebook. Voici quelques techniques pour une relecture efficace :

- **Lisez à voix haute** : Cela vous aide à repérer les erreurs et les incohérences.
- **Utilisez des outils de relecture** : Profitez des outils d'IA pour identifier les erreurs que vous pourriez avoir manquées.
- **Faites des pauses** : Prenez des pauses entre les sessions de relecture pour revenir avec un œil frais.

INTÉGRATION D'ÉLÉMENTS VISUELS ET INTERACTIFS

Les éléments visuels et interactifs peuvent enrichir votre ebook et le rendre plus attrayant. Voici comment les intégrer efficacement :

- **Utilisez des images et des graphiques** : Les images et les graphiques peuvent aider à illustrer vos points et à rendre le texte plus engageant.
- **Ajoutez des vidéos** : Les vidéos peuvent offrir une dimension supplémentaire à votre contenu, surtout si vous expliquez des concepts complexes.
- **Incluez des liens interactifs** : Utilisez des liens interactifs pour diriger les lecteurs vers des ressources supplémentaires ou des pages pertinentes.

EXEMPLES DE PROMPTS :

Organisation des chapitres et des sections

1. **Plan détaillé**
   - **Prompt :** "Créez un plan détaillé pour un ebook sur les stratégies de marketing digital, incluant les titres de chapitres et les sous-titres."
   - **Prompt :** "Rédigez une table des matières pour un ebook sur la gestion du temps pour les entrepreneurs."

UTILISATION DE L'IA POUR LA RÉVISION ET LA CORRECTION

1. **Vérification grammaticale**
   - **Prompt :** "Corrigez les erreurs grammaticales dans ce texte : [insérez votre texte ici]."
   - **Prompt :** "Revisez ce passage pour corriger les fautes d'orthographe et de ponctuation : [insérez votre texte ici]."

2. **Amélioration du style**
   - **Prompt :** "Réécrivez ce paragraphe pour le rendre plus fluide et lisible : [insérez votre texte ici]."
   - **Prompt :** "Optimisez ce texte pour qu'il soit plus engageant et accrocheur : [insérez votre texte ici]."

TECHNIQUES DE RELECTURE ET D'AMÉLIORATION DU TEXTE

1. **Lecture à voix haute**
   - **Prompt :** "Réécrivez ce texte en veillant à ce qu'il soit fluide lorsqu'il est lu à voix haute : [insérez votre texte ici]."
   - **Prompt :** "Identifiez et corrigez les phrases maladroites ou difficiles à lire dans ce passage : [insérez votre texte ici]."

2. **Relecture ciblée**
   - **Prompt :** "Relisez ce texte en cherchant spécifiquement des erreurs de cohérence et de continuité : [insérez votre texte ici]."
   - **Prompt :** "Revisez ce paragraphe pour améliorer sa clarté et sa précision : [insérez votre texte ici]."

INTÉGRATION D'ÉLÉMENTS VISUELS ET INTERACTIFS

1. Descriptions d'images

- **Prompt :** "Rédigez une légende descriptive pour cette image d'un coucher de soleil sur une plage : [insérez votre image ici]."
- **Prompt :** "Créez une description détaillée pour ce graphique montrant les tendances de vente annuelles : [insérez votre graphique ici]."

2. Éléments interactifs

- **Prompt :** "Proposez des idées pour intégrer des éléments interactifs dans un ebook sur la gestion de projet."
- **Prompt :** "Rédigez un texte pour accompagner un lien interactif vers une vidéo sur la méditation : [insérez votre vidéo ici]."

CHAPITRE 6 : FINALISER ET PUBLIER VOTRE EBOOK

Choix du format et des plateformes de publication

Il existe plusieurs formats pour publier un ebook (PDF, EPUB, MOBI, etc.). Voici comment choisir celui qui convient le mieux à votre audience :

- **PDF** : Format universellement compatible et facile à partager.
- **EPUB** : Format réactif idéal pour les liseuses électroniques.
- **MOBI** : Format spécifiquement utilisé par Amazon Kindle.

UNE FOIS LE FORMAT CHOISI, SÉLECTIONNEZ LES PLATEFORMES DE PUBLICATION :

- **Amazon Kindle** : La plateforme la plus populaire pour les ebooks.
- **Apple Books** : Idéal pour atteindre les utilisateurs d'Apple.
- **Google Play Books** : Bon choix pour une distribution large.

CRÉATION D'UNE COUVERTURE ATTRAYANTE

La couverture de votre ebook est la première chose que vos lecteurs verront. Voici quelques conseils pour créer une couverture attrayante :

- **Investissez dans un design professionnel** : Si possible, faites appel à un designer professionnel.
- **Utilisez des images de haute qualité** : Les images floues ou de basse résolution peuvent donner une mauvaise impression.
- **Soyez clair et concis** : Le titre et le sous-titre doivent être facilement lisibles.

STRATÉGIES DE MARKETING ET DE PROMOTION

Une fois votre ebook terminé, il est temps de le promouvoir. Voici quelques stratégies de marketing :

- **Utilisez les réseaux sociaux** : Partagez des extraits et des annonces de votre ebook sur les réseaux sociaux.

- **Marketing par courriel** : Envoyez des notifications à votre liste de contacts.

- **Blogging** : Écrivez des articles de blog liés à votre ebook pour attirer des lecteurs potentiels.

- **Publicité payante** : Utilisez des options de publicité payante sur des plateformes comme Facebook et Google pour augmenter la visibilité.

SUIVI ET ANALYSE DES PERFORMANCES DE VOTRE EBOOK

Après la publication, suivez les performances de votre ebook. Utilisez des outils d'analyse pour surveiller les ventes, les téléchargements et les commentaires des lecteurs. Voici comment utiliser ces informations :

- **Analyse des ventes** : Suivez le nombre de ventes et les revenus générés.
- **Commentaires des lecteurs** : Lisez et répondez aux avis des lecteurs pour comprendre ce qui fonctionne et ce qui doit être amélioré.
- **Amélioration continue** : Utilisez les retours et les données de performance pour améliorer vos futurs projets d'écriture.

EXEMPLES DE PROMPTS :

Choix du format et des plateformes de publication

1. **Formats d'ebook**
   - **Prompt** : "Expliquez les avantages et les inconvénients des formats PDF, EPUB et MOBI pour la publication d'ebooks."
   - **Prompt** : "Rédigez une comparaison des différentes plateformes de publication d'ebooks, y compris Amazon Kindle, Apple Books, et Google Play Books."

Création d'une couverture attrayante

1. **Description de la couverture**
   - **Prompt** : "Rédigez une description de couverture pour un ebook intitulé 'Les Secrets du Marketing Digital'."
   - **Prompt** : "Créez une légende pour une couverture d'ebook sur le développement personnel."

Stratégies de marketing et de promotion

1. **Campagne de marketing**
   - **Prompt** : "Élaborez une campagne de marketing pour promouvoir un ebook sur les habitudes saines, incluant les réseaux sociaux, les emails et les blogs."
   - **Prompt** : "Rédigez un plan de marketing pour un ebook sur la photographie de voyage, en mettant l'accent sur la publicité payante."

Suivi et analyse des performances de votre ebook

1. **Analyse des ventes**

   - **Prompt :** "Rédigez un rapport sur les ventes d'un ebook au cours des six premiers mois après sa publication."

   - **Prompt :** "Proposez des stratégies pour améliorer les ventes d'un ebook basé sur les commentaires des lecteurs et les données de performance."

En incluant ces exemples de prompts dans votre ebook, vous fournirez à vos lecteurs des outils pratiques pour interagir efficacement avec l'IA et améliorer leur processus d'écriture. Si vous avez d'autres sections ou types de prompts que vous aimeriez voir, faites-le moi savoir !

CONCLUSION

Récapitulatif des étapes clés Nous avons parcouru les étapes essentielles pour écrire un ebook avec l'aide de l'intelligence artificielle. De la compréhension de l'IA à la publication et la promotion de votre livre, chaque étape joue un rôle crucial dans la création d'un ebook réussi. Utiliser l'IA permet de simplifier et d'accélérer le processus d'écriture tout en maintenant une haute qualité de contenu.

Conseils et astuces pour réussir avec l'IA L'utilisation de l'IA peut grandement faciliter le processus d'écriture, mais elle nécessite également une compréhension et une adaptation continues. Voici quelques conseils pour maximiser l'efficacité de l'IA dans votre processus d'écriture :

- **Expérimentez avec différents outils** : Ne vous limitez pas à un seul outil d'IA. Essayez plusieurs options pour trouver celui qui correspond le mieux à vos besoins.

- **Soyez précis avec vos prompts** : Plus vos instructions sont claires et détaillées, plus les résultats générés par l'IA seront pertinents.

- **Relisez et éditez toujours manuellement** : Même si l'IA peut vous aider à générer du contenu, la touche humaine est essentielle pour assurer la qualité et l'authenticité.

- **Mettez à jour vos connaissances** : L'IA est un domaine en constante évolution. Restez informé des nouvelles tendances et technologies pour tirer le meilleur parti des outils disponibles.

Perspectives futures de l'IA dans la création de contenu L'IA continue d'évoluer et de transformer la manière dont nous créons du contenu. Les futurs développements apporteront probablement des outils encore plus sophistiqués et efficaces pour les écrivains. Nous pouvons nous attendre à voir des IA capables de générer des textes encore plus cohérents et personnalisés, de comprendre et d'interpréter des émotions humaines, et même de collaborer de manière plus interactive avec les auteurs.

Encouragements et prochains pas Écrire un ebook est un voyage passionnant et gratifiant. Avec l'aide de l'intelligence artificielle, ce processus devient plus accessible et moins intimidant. Lancez-vous dans l'aventure, expérimentez avec les outils d'IA, et n'ayez pas peur de réviser et d'améliorer votre travail. Chaque étape que vous franchissez vous rapproche de la création d'un ebook dont vous pouvez être fier.

www.ingramcontent.com/pod-product-compliance
Lightning Source LLC
Chambersburg PA
CBHW070901070326
40690CB00009B/1946